RÉFORME ÉLECTORALE

RÉFORME ÉLECTORALE

NOTES

Offertes aux Rédacteurs de la loi.

PAR

ERNEST BRELAY

PARIS

CHEZ TOUS LES LIBRAIRES

E. LEVAILLANT, ÉDITEUR

5, RUE PAPILLON, 5

1871

RÉFORME ÉLECTORALE

NOTES

OFFERTES AUX RÉDACTEURS DE LA LOI.

I

LES CAPACITES.

La révolution de 1848 a été faite au nom de la réforme électorale, basée principalement sur l'adjonction au pays légal *des capacités*, c'est-à-dire des connaissances.

La royauté ayant refusé cette concession qui pouvait prolonger son existence, la République a proclamé le suffrage universel, et celui-ci a donné les fruits naturels, alternativement bons ou mauvais, qu'on pouvait attendre des instincts du nombre et du niveau intellectuel du corps politique.

Depuis, il a été reconnu par des hommes impartiaux de toutes les opinions, que le talent et le savoir étaient entièrement dominés par la multitude, et que celle-ci était inconsciente de son intérêt bien entendu.

Cette observation, peu contredite, a fait renaître le désir de plus en plus général de revendiquer les droits de l'intelligence et d'accroître simultanément le domaine de celle-ci, en mettant gratuitement et obligatoirement l'instruction à la portée de tous les électeurs présents et à venir.

Le raisonnement politique n'est point chose spontanée ; il résulte, comme toutes les sciences, même les plus élémentaires, de notions très-diverses acquises par le travail et comparées entre elles ; s'il en était autrement, nos enfants pourraient être électeurs bien avant l'âge de la majorité (1).

Faute d'avoir saisi cette vérité, la France a subi de terribles épreuves, et elle ne sera à l'abri de nouvelles calamités semblables qu'en développant chez tous les citoyens le plus haut degré de *capacité* dont ils sont susceptibles.

Tant qu'il n'en sera pas ainsi, on agira, qu'on le veuille ou non, comme le chancelier de l'empire d'Allemagne : *la force brutale ou la ruse grossière primera le droit.*

C'est donc un sentiment d'équité et de conciliation qui a dicté les notes suivantes ; leur auteur s'est efforcé de ne pas trop heurter les habitudes acquises, et d'offrir aux minorités, généralement opprimées, un moyen pratique de sortir du néant où, jusqu'à ce jour, elles ont été reléguées par l'absolutisme et le radicalisme qui se disputaient tour à tour le pouvoir.

II

LES ÉLECTEURS.

Art. 1er. — Sont électeurs tous les citoyens français, âgés de 21 ans accomplis, inscrits dans la municipa

---

(1) Lire les travaux de J. Stuart Mill sur la réforme parlementaire et le gouvernement représentatif, et la brochure de M. de Biencourt sur le suffrage universel et le droit des minorités.

lité de leur domicile, sachant lire, écrire et compter, aptes au service militaire, exempts d'infirmités mentales, n'ayant subi aucune condamnation infamante, et n'étant adonnés ni à la mendicité, ni à l'ivrognerie.

Les électeurs participent uniquement à l'élection des conseillers municipaux de leur commune, et ne peuvent donner leurs voix qu'à des *électeurs éligibles*.

III

LES ÉLECTEURS ÉLIGIBLES.

Art. 1er. — Sont électeurs éligibles, tous les citoyens français, âgés de 25 ans accomplis, déjà électeurs, pouvant présenter *un diplôme de capacité électorale* obtenu à la suite d'un examen devant le *jury cantonal*.

Art. 2. — Sont dispensés du diplôme de capacité électorale, les citoyens qui ont déjà obtenu des diplômes d'enseignement littéraire ou scientifique, ou des grades dans les armées, et ceux qui justifieront d'un certificat d'études régulièrement légalisé, délivré par les directeurs des lycées et établissements d'éducation secondaire officiellement reconnus par l'État, les villes et les communes.

Toutefois, sur la demande formelle de dix électeurs, transmise par la municipalité à un électeur éligible, quel qu'il soit, celui-ci, à moins d'empêchements matériels incontestables, devra se présenter devant le jury cantonal, pour en obtenir le diplôme de capacité électorale.

Art. 3. — Les électeurs éligibles prennent part à toutes les élections, sans exception aucune, c'est-à-dire à celles des conseillers municipaux (lesquels nomment eux-mêmes les maires), à celles des conseillers généraux, à celles des conseillers d'arrondissement, des membres des tribunaux de commerce, des députés à l'Assemblée nationale et des fonctionnaires publics que les législateurs jugeront convenable de ne pas laisser à la nomination du pouvoir exécutif.

Art. 4. — Tout électeur éligible ou non, qui, sans motif valable, s'abstiendra d'accomplir ses devoirs civiques, sera traduit devant le jury cantonal par la municipalité de sa commune, et frappé d'une amende de...... à...... francs, proportionnelle à ses facultés, c'est-à-dire progressive selon sa fortune.

En cas de récidive, l'amende sera successivement doublée et triplée; après quoi, si la négligence ou le mauvais vouloir de l'électeur persiste, il sera rayé de la liste des électeurs, et signalé à ses concitoyens dans les journaux officiels et dans un tableau affiché chaque année à la porte de la mairie de sa commune.

Il ne pourra être relevé de cette déchéance qu'après une demande réitérée trois années successives, et après avoir acquitté une fois de plus l'amende qu'il aurait déjà payée.

IV

LE JURY CANTONAL.

Art. 1er. — Le jury cantonal a pour attributions d'admettre ou de rejeter les demandes de *diplômes de capacité électorale*, d'appliquer les amendes aux électeurs abstentionnistes, et de prononcer les inscriptions, radiations et réinscriptions.

Il statue sur toute rectification des listes électo-

rales, aussi bien pour l'électeur simplement munici-
pal que pour l'électeur éligible.

Art. 2. — Le jury cantonal est composé de tous
les maires du canton pouvant être remplacés par
leurs adjoints, du juge de paix et de..... membres
pris dans le canton, et nommés par le préfet sur la
présentation du conseil général.

Ce jury, convoqué par le préfet, siége..... fois par
an, pendant..... jours, les..... et pendant les sessions
extraordinaires que l'accumulation des demandes,
en inscription pourra nécessiter.

Il élit lui-même son bureau composé d'un président, de quatre vice-présidents et de quatre secrétaires.

A chaque session, une indemnité de fr..... par jour
pourra être allouée sur les fonds départementaux à
ceux des jurés qui en feront la demande; le bureau
seul statuera secrètement, et ne fera connaître les
indemnitaires qu'au préfet, par lettre close, jointe
aux procès-verbaux de la session.

Art. 3. — Les aspirants électeurs éligibles ne
sont tenus de répondre qu'aux questions du *pro-
gramme* annexé à la présente loi; mais ils peuvent
devancer les question du jury par des explications
personnelles, prouvant leur degré suffisant d'éducation et la lucidité de leur jugement.

Dans ce cas, le jury peut se déclarer suffisamment
informé, et prononcer son verdict sans plus ample
examen. — Les décisions sont rendues à main levée,
à moins que le candidat ou un juré ne demande
expressément le scrutin secret.

Art. 4. — La liste du jury cantonal, publiée chaque année dans les journaux du département, sera

1.

en outre affichée dans toutes les mairies du canton, et notamment, tant à l'intérieur qu'à l'extérieur du lieu de réunion du jury cantonal. — Le candidat, ou l'électeur cité disciplinairement devant le jury, pourra, sans discussion, récuser le quart de ses membres, mais pas la totalité des vice-présidents et secrétaires.

Art. 5. — A la fin de chaque session, le président du jury transmettra au préfet les procès-verbaux de ses sentences, concernant les admissions, radiations et condamnations. — Opposition pourra être faite aux mains du préfet par les intéressés dans la huitaine qui suivra la sentence.

Ces procès-verbaux seront rédigés en plusieurs exemplaires, signés du président du jury, revêtus d'un timbre spécial ; un exemplaire sera remis aux maires des communes intéressées, qui devront faire exécuter les décisions prises après un délai de quinze jours francs, sauf les oppositions intervenues.

V

RÉUNION DES ÉLECTEURS.

ÉLECTIONS MUNICIPALES.

Art. 1er. — Les électeurs, régulièrement convoqués, aux termes de la loi existante, pour la nomination des conseils municipaux, pourront, de droit, se réunir et se concerter pendant le mois qui précédera le jour du scrutin, autant de fois qu'ils le jugeront convenable, en lieux clos, à la charge de ne pas troubler l'ordre public, ni entraver la circulation.

Sur la demande de dix électeurs, l'administration

municipale sera tenue de mettre à la disposition des électeurs au moins une fois, et pendant un nombre d'heures suffisant, une salle assez spacieuse pour que les électeurs de la commune, ou au moins de la section, puissent, sur la présentation de leur carte, s'y donner rendez-vous, en vue de délibérer sur le choix de leurs conseillers et d'inviter les candidats à se présenter devant eux.

Si le maire se refuse à donner ces facilités aux électeurs, ceux-ci le citeront devant le jury cantonal, qui fera du conflit l'objet d'un rapport au préfet, par l'entremise du conseil général, et émettra des conclusions à titre consultatif.

VI

RÉUNION DES ÉLECTEURS ÉLIGIBLES.

Art. 1er. — Les électeurs éligibles étant d'abord électeurs municipaux, le paragraphe 5 ci-dessus leur est applicable en entier.

En outre, mais avec leur concours exclusif, il devra être procédé de même lorsqu'il y aura convocation pour les élections aux conseils généraux et aux conseils d'arrondissement, aux tribunaux de commerce et à l'Assemblée nationale; et l'exercice des droits de réunion et de délibération préalables devra être garanti efficacement par les soins des magistrats municipaux et des fonctionnaires administratifs (1).

(1) Des lois récentes déterminant le mode d'élection pour les conseils municipaux, les conseils généraux et les conseils d'arrondissement, ainsi que les attributions de ces conseils, il peut y avoir lieu d'attendre, pour modifier ces lois, que la pratique en ait démontré tous les défauts.

Pour les élections de juges aux tribunaux de commerce, les

VII

CIRCONSCRIPTIONS ÉLECTORALES.

Art. 1er. — Pour les élections à l'Assemblée nationale, il sera attribué à chaque arrondissement deux députés nommés au *scrutin de liste* (1).

Art. 2. — Chaque électeur éligible disposant de deux suffrages pourra, à son choix, nommer deux députés, ou répéter un seul et même nom deux fois

---

électeurs devraient être commerçants ou industriels, et devraient justifier de deux ou plusieurs années d'exercice de leur profession au moyen de leurs patentes, sans préjudice de leur diplôme de capacité.

Quant à ce qui concerne les élections législatives, la loi de 1849, maintenue en vigueur, semble appeler de profondes modifications, tant à propos de l'inconnu qui préside au fonctionnement du scrutin de liste appliqué à la vaste circonscription départementale, qu'en vue d'un mode de votation qui sache tenir compte, dans une proportion rationnelle *du droit des minorités à être représentées*.

(1) L'arrondissement est adopté ici par la seule et unique raison qu'il existe, et évite ainsi le tracé de nouvelles circonscriptions plus ou moins arbitraires, bien que faciles à établir au moyen d'un groupement de cantons et de communes proportionné à la population. — Les intérêts locaux, dot l'importance est d'ailleurs incontestable, sont déjà représentés dans trois conseils spéciaux (municipaux, généraux et d'arrondissement) ; il convient donc peut-être qu'à l'Assemblée nationale l'intérêt collectif, c'est-à-dire français, prévale avant tout, et s'élève de plus en plus au-dessus de l'esprit particulariste.

sur son bulletin, afin d'augmenter les chances de nomination du candidat qu'il préférera (1).

Art. 3. — (Colonies et Algérie.) — Les colonies se feront représenter auprès de l'Assemblée nationale par des délégués élus à raison d'un par centre colonial, savoir : . . . .

Ces délégués seront indemnisés par la mère-patrie et n'auront que voix consultative. — Mais dès que la population *électorale* qu'ils représenteront atteindra le chiffre *minimum* de celle d'un arrondissement français, il y sera procédé à l'élection régulière de deux députés. — L'Algérie, en tous cas, aura droit immédiatement à deux députés pour chacune de ses trois provinces d'Alger, Constantine et Oran.

AMENDEMENT ÉVENTUEL SPÉCIAL A L'ALGÉRIE

ET AUX COLONIES.

La loi électorale de 1849 continuera à être appliquée à l'Algérie et aux colonies, en ce qui concerne la nomination des députés, mais à la condition que les citoyens y justifient des *capacités* exigées par la présente loi.

(1) Exemple : Dans une circonscription où l'on comptera trente mille votants, il est possible que la majorité, quelle que soit son opinion, dispose de vingt mille électeurs, et assure ainsi en votant avec beaucoup de discipline vingt mille suffrages à chacun de ses deux candidats.

Mais si dix mille électeurs dissidents mettent chacun sur son bulletin un seul et même nom répété deux fois, ils réussissent à accumuler vingt mille suffrages sur le candidat qu'ils préfèrent, et ont ainsi des chances sérieuses de faire représenter leur opinion, pourvu que celle-ci s'appuie sur une minorité importante, homogène et convaincue.

VIII

AMENDEMENT OU CONTRE-PROJET. — CIRCONSCRIPTIONS
ÉLECTORALES. — MODE DE VOTATION.

Art. 1ᵉʳ. — Pour les élections à l'Assemblée nationale, il sera attribué à chaque arrondissement la
nomination de deux députés.

Le vote aura lieu *au scrutin de liste, par groupe de
deux ou trois arrondissements réunis,* selon les divisions
déjà existantes des départements, savoir :

Le département de trois arrondissements nommera
un groupe de six députés ;

Celui de 4, deux groupes de 4 députés ;

Celui de 5, un groupe de 4 et un de 6 ;

Celui de 6, trois groupes de 4 ;

Celui de 7, deux groupes de 4 et un de 6.

Le département de la Seine nommera :

Pour Paris, dix groupes de 4 députés ;

Pour Sceaux,

Pour Saint-Denis, } un de 4.

L'Algérie nommera un groupe de 6.

Art. 2. — Tous les quatre ans, c'est-à-dire après quatre renouvellements partiels et par quarts de l'Assemblée nationale, des mutations d'arrondissements
pourront être décidées par une loi, sur la demande
des populations intéressées, formulée par le conseil
général ; de telle sorte que certaines circonscriptions
qui votaient pour quatre députés puissent en comprendre six, aux dépens du groupe du même département antérieurement favorisé, *et vice versa* (1).

_____

(1) La loi pourra également prendre en considération l'importance relative des populations, notamment en ce qui concerne les

Art. 3.— L'électeur éligible porte sur son bulletin quatre ou six noms de candidats, selon que le groupe électoral dont il fait partie se compose de deux ou de trois arrondissements.

Art. 4.— L'électeur éligible peut, à son choix, ou

---

départements à trois arrondissements, tels que, par exemple :

Hautes-Alpes, population totale. . . 127,117
Bouches-du-Rhône. id. 549,903

Il ne pourra probablement paraître injuste à personne que les Bouches-du-Rhône nomment huit députés et que les Hautes-Alpes, par contre, n'en élisent que quatre.

Pourtant on peut contester en principe cette faculté donnée à certains individus de nommer plus de représentants que d'autres, sans que leur valeur séparée, leur *capacité* réelle soit plus grande, et le droit de vote, basé spécialement sur la population, n'est équitable que pour des intérêts *tout à fait locaux*. (*Conseils municipaux et départementaux.*)

Mais l'Assemblée nationale est un congrès où l'intérêt général (pour ne pas dire fédéral) doit seul prévaloir, et les constituants de 1791, de 1793 de l'an III et de 1848 ont répété avec insistance : « *que les membres de l'Assemblée nationale sont les représentants, non du département qui les nomme, mais de la France entière.* »

C'est d'ailleurs avec intention que, dans ces *notes*, on restreint la quantité des noms à porter sur une seule liste, et quiconque a été appelé à voter dans certaines circonstances pour 20, 30 et jusqu'à 43 députés, sait qu'il est presque impossible de connaître un si grand nombre de candidats, et de discuter leur mérite individuel.

Or, le suffrage universel perd toute valeur positive si l'électeur, votant comme aujourd'hui à un seul degré, est obligé de s'en rapporter avec une discipline aveugle et brutale au choix de comités divers, sans mandat régulier, souvent occultes et fondés au profit exclusif de riches ambitieux trop habiles ou de sectaires passionnés.

voter pour autant de noms qu'il a de députés à élire, ou accumuler les suffrages dont il dispose sur les un, deux ou plusieurs candidats qu'il préfère, afin de contribuer plus fortement à l'élection de celui ou de ceux qui représentent le mieux son opinion.

Ainsi, le même nom, 2, 3, 4, 5 ou 6 fois répété sur le même bulletin, sera compté autant de fois au bénéfice du candidat lors du dépouillement des votes (1).

De nombreux articles de lois peuvent et doivent compléter ces notes sommaires pour les faire entrer

---

(1) Exemple : Un électeur peut, dans les deux arrondissements ruraux de la Seine, mettre sur son bulletin quatre fois le même nom ; au dépouillement, cette voix sera comptée quadruple au candidat qui en aura été favorisé.

Par contre, les arrondissements urbains qui croient, peut-être à bon droit, avoir à se plaindre des votes des campagnards, pourront par le même moyen combattre les influences ultra-conservatrices, ou tout au moins envoyer à l'Assemblée une représentation qui leur soit propre.

Autre exemple : Une circonscription de trois arrondissements étant donnée, comportant 60,000 votants, dont 45,000 environ professent des opinions monarchistes diverses, et 15,000 tiennent pour la République ou le libéralisme avancé ; une coalition des anciens partis ne pourra empêcher que la minorité n'envoie à l'Assemblée un ou deux de ses représentants, sur six. — Il suffira pour cela que les 15,000 républicains libéraux votent chacun six fois pour un seul candidat, ce qui lui assurera 90,000 voix, ou même qu'ils votent chacun trois fois pour deux candidats qui arriveront ainsi avec 45,000 voix, c'est-à-dire avec la majorité absolue.

Dans ces conditions, aucun parti ne sera tenté de prendre ses représentants dans une opinion autre que la sienne, et préférera avoir un ou deux députés réellement à lui.

Une telle combinaison assurerait vraisemblablement le *statu quo* républicain, sans exclure aucun parti du parlement, car le dans le domaine de l'application ; on trouvera ce travail accessoire tout préparé dans nos codes ; et il suffit, en attendant, d'ajouter que : le dépouillement et la proclamation du scrutin auront lieu par les procédés déjà usités ; la majorité absolue étant exigée au premier tour de scrutin, et la majorité relative au second.

IX

LOIS FONDAMENTALES PRÉALABLES.

Maintenant, pour atteindre avec quelque précision le triple but que nous nous sommes proposé, savoir :

— Assurer la stabilité par la liberté ;

— Protéger, et faire représenter les minorités importantes ;

— Donner la prépondérance aux capacités intellectuelles, nous estimons qu'il faudrait avant tout voter et promulguer deux lois fondamentales.

La première, assurant l'instruction *au moins primaire*, gratuite et obligatoire pour tous les citoyens ;

La seconde, conçue à peu près en ces termes :

Art. 1er. — L'Assemblée nationale est permanente et indissoluble ; elle ne peut elle-même voter sa propre fin, mais elle doit se rendre compte fréquemment de l'opinion du pays.

---

gouvernement *de fait* qui existe ne refuserait rien à ses prédécesseurs que l'aliénation ou l'abdication de la souveraineté nationale, celle-ci n'appartenant en propre à personne.

Il convient d'ajouter que toute minorité, quelle qu'elle soit, jouissant ainsi de la faculté de produire ses idées du haut de la tribune française, n'aurait plus aucun prétexte pour se montrer factieuse, et que la répression contre ses violences deviendrait plus que jamais légitime.

Art. 2. — Elle se renouvelle chaque année par quart (1). — Ses membres sont perpétuellement rééligibles.

Art. 3.— Elle vote toutes les modifications constitutionnelles qui conviennent à sa majorité, sauf celles qui auraient pour but d'aliéner sa propre souveraineté ou celle de ses électeurs pour un temps indéfini. — Cependant, toute loi ayant un caractère *constituant*, et pouvant modifier le régime politique *de fait* qui existe, ne pourra être promulguée et mise en vigueur qu'après avoir été votée quatre fois dans les mêmes termes, à un an d'intervalle, c'est-à-dire par une assemblée intégralement renouvelée en quatre ans.

X

L'ASSEMBLÉE PERPÉTUELLE.

Pourquoi, nous dit-on, perpétuer une assemblée

---

(1) Pour ce renouvellement deux moyens s'offrent *à priori* :

1° Un tirage au sort par départements, qui fixe une fois pour toutes, ou pour quatre ans, l'ordre des élections.

2° Une simple division de la France en quatre régions ou en huit demi-régions électorales, telles que par exemple :

1	Nord. Nord-Ouest.
2	Sud. Sud-Ouest.
3	Est. Centre-Est.
4	Ouest. Centre-Ouest.

Consulter aussi à ce sujet, le projet de loi déposé par le colonel Denfert-Rochereau, député de la Charente-Inférieure.

quelconque, qui renferme peut-être, en majorité, de très-mauvais éléments ?

Nous répondons : — Parce que nul n'a qualité pour juger et définir en bloc les fractions diverses qui composent un parlement ; fractions qui, toutes, peuvent avoir leur raison d'être dans le pays, et l'ont assurément encore dans une certaine proportion, car l'esprit public change rarement, comme un décor de théâtre, et l'expérience seule, lentement et péniblement acquise, prouve aux hommes qu'ils se sont trompés.

En doute-t-on ? — Les résultats des diverses élections les plus récentes prouvent que le bonapartisme vit encore, et que le régime monarchique, soit constitutionnel, soit de droit divin, bien que perdant du terrain, a encore de nombreux partisans. — Selon nous, il importe que les moindres parties de l'opinion soient représentées à l'Assemblée, afin d'y démontrer leur utilité ou leur parasitisme. — Nous nous plaisons à croire qu'elles feront malgré elles des prosélytes au libéralisme républicain, et si leurs adhérents se révoltaient, la loi qui leur laisse la parole et leur reconnaît le droit commun, pourrait frapper sans hésitation et avec une impitoyable sévérité ces hommes de désordre que rien ne distinguerait des pseudo-communalistes.

Le silence est profitable aux idées fausses ; donnez-leur une tribune, elles s'y suicideront. — Mêlées au feu de la discussion, elles ne pourront briller ; leur combustion, sans flamme ni chaleur, montrera vite d'inutiles scories ; on s'étonnera bientôt qu'elles aient pu exister.

Quant au pouvoir constituant, dont nous prétendons investir sans interruption la représentation nationale, nous croyons en prévenir suffisamment l'abus par le délai de quatre ans, et les quatre votes successifs et espacés, que nous opposons comme un *veto* à toute décision réactionnaire ou prématurée, que l'Assemblée voudrait rendre dans un sens quelconque.

Nous convenons que cette précaution n'empêcherait pas des scélérats habiles d'accomplir de nouveaux coups d'Etat ou des révolutions égoïstes; mais ne semble-t-il pas avéré que nos constitutions variées n'ont jamais été des obstacles sérieux aux bouleversements, et que la conciliation, la tolérance des partis, la souplesse du mécanisme gouvernemental, telles à peu près que ces choses existent en Angleterre et en Belgique, sont les meilleures garanties de l'ordre public?

Nous constatons volontiers que les législateurs constituants, avec une prévoyance qui les honore, ont presque toujours tenu à protéger l'avenir de leur œuvre, et en ont préparé la révision pacifique et régulière par d'ingénieux procédés.—Mais ces certificats de vie future n'ont pas donné aux constitutions ébranlées ou faussées dans leurs bases la force qu'elles ne pouvaient trouver que dans la patiente sagesse ou dans l'énergie défensive des citoyens, et nous croyons fermement que de bonnes lois spéciales, édictées à propos, et ne changeant pas toutes choses d'une façon subite et générale, sont préférables à des pactes solennels et complets, que le peuple et les pouvoirs qui se succèdent foulent aux pieds tour à tour.

Notre système, plus passif que négatif ou affirmatif, offre cet avantage particulier : que l'obstacle à renverser présente moins de surface.—En effet, une constitution peut sombrer tout entière dans un cata-

clysme, mais des lois séparées, sans échéances fixes
et générales, ne peuvent être saisies qu'une à une ;
elles persistent tant qu'elles ne sont pas abrogées
après un débat spécial à chacune d'elles; à moins
que, chose absurde à supposer, l'anarchie ne soit pro-
clamée principe gouvernemental.

C'est bien le cas défini par l'apologue du chêne et
du roseau; les constitutions sont brisées en entier ;
les lois ordinaires plient mais ne rompent pas, et se
relèvent.

Telles sont, en résumé, les considérations qui nous
font recommander l'usage du *suffrage accumulé*, et
le remplacement périodique et fractionnel des membres de l'Assemblée nationale. Nous nous efforçons
ainsi de témoigner notre déférence à toutes les opinions en minorité, de ne les éliminer jamais brus-
quement, et de les envisager comme des éléments
scientifiques de comparaison, dont la politique absolue ou radicale pourrait seule prétendre se passer.

Jadis on croyait nécessaire le concours de deux
chambres, et l'on superposait à l'élément populaire,
bourgeois ou communal, un pouvoir dit *modérateur*,
conservateur ou *pondérateur*, qui s'appelait Sénat,
Pairie, Conseil des anciens, etc., etc. Nous ne vou-
lons pas critiquer superficiellement ces institutions,
et nous laissons l'histoire justifier, s'il y a lieu, leur
raison d'être dans le passé ; mais nous ferons obser-
ver que leur place réelle n'est guère que dans les
monarchies tempérées ou hybrides, où la couronne,
autorité devenue à peu près fictive, aidée de son
conseil, s'appuie alternativement sur une chambre
ou sur l'autre, pour résister aux emportements des
partis....., et parfois aussi pour obtenir la sanction
de ses propres empiétements.

En France où l'on ne tolère plus guère qu'un seul

pouvoir, une telle institution répugnerait, croyons-
nous, à l'instinct national, et nous ne pouvons guère
opposer une digue à nos passions politiques qu'en en
appelant de la souveraineté électorale à elle-même.
— Pour cela, il faut l'inviter à confirmer plusieurs
fois ses propres arrêts, et à en ajourner l'exécution,
afin que notre caractère collectif, alternativement
révolutionnaire et réactionnaire, prenne un équili-
bre définitif et devienne réformateur.

Les constitutions doivent être inutiles, du moment
que le régime *de fait* où l'on vit, sous un *statu quo*
apparent, laisse le champ ouvert à toutes les libertés
et à tous les progrès.

XI

L'ÉGALITÉ ENTRE LES ÉLECTEURS.

On dira peut-être que, d'après nos projets de réforme électorale, nous demandons la création de
deux catégories d'électeurs, l'une inférieure, l'autre
supérieure, et que cela constitue des castes et une
aristocratie.

Cette critique prévue, venant d'excellents citoyens,
profondément épris d'égalité, n'a rien qui nous
émeuve ; nous nous bornons, pour toute réponse, à
faire appel à leur bon sens et à leur connaissance de
l'histoire.

Un ignorant, quoi qu'on puisse dire, ne sera jamais
l'égal d'un homme instruit, et la distinction antique
du barbare et du civilisé, si elle s'efface dans les
mots, ne subsiste pas moins dans les choses en pleine
société française.

Nos constitutions républicaines, sauf celle de 1848,

ont été plus restrictives que les lois actuellement en vigueur, et ni les législateurs de 1789, ni ceux de l'an III ne prétendirent que le citoyen pût avoir la science infuse. Ils se bornèrent à le charger de nommer *des électeurs* dans une proportion restreinte (1), et il faut reconnaître que les choix du second degré, abstraction faite des passions du temps, se portèrent sur des hommes instruits et distingués.

Actuellement l'élection directe est entrée dans nos mœurs, et quelque penchant qu'on puisse avoir pour le système de nos pères, on n'ose proposer d'y revenir, de peur surtout de se dépopulariser.

Cette crainte ne saurait nous toucher ; mais nous insistons pour que le pouvoir de l'intelligence soit de plus en plus prépondérant, et nous trouvons plus digne de la société dont nous faisons partie d'éclairer et d'élever à elle ceux qui sont dans l'ombre et en retard, que d'abaisser ceux qui voient et ceux qui savent.

L'électeur simple n'est pas un paria, l'électeur éligible n'est pas un privilégié ; seulement l'émulation est fortement éveillée, et si nous sommes bien compris, chacun voudra avancer, nul ne voudra reculer.

Les électeurs simples mettront leur amour propre à devenir éligibles, et ne rencontreront pas, comme dans l'ancien temps, des obstacles tels que le cens attaché à la propriété, au capital, au taux des contributions. — Ils n'auront besoin, en somme, que d'acquérir les connaissances les plus indispensables à un citoyen, et qu'à démontrer dans un examen

---

(1) 1791, un électeur pour 100 citoyens actifs.

1793, un électeur pour 200 citoyens actifs.

1795, un électeur pour 200 citoyens actifs.

sommaire qu'ils ont une idée suffisante *de leurs droits et de leurs devoirs.*

Ce but sera facilement atteint, soit à l'aide du questionnaire-programme dont le Jury cantonal devra être muni, soit par l'étude raisonnée d'un très-court *catéchisme du citoyen*, que l'instituteur et le père de famille devront lire, commenter, faire comprendre aux enfants.

En une génération, la réforme introduite dans les lois, sera indestructible ; elle aura pénétré dans les mœurs.

Mais la période de transition sera encore pénible à traverser ; car, nous ne nous le dissimulons pas, tous les vœux ne concordent pas avec les nôtres, et il y aura bien des résistances à vaincre, tant aveugles que raisonnées.

Ce qui est certain, c'est que pour rendre efficaces les lois que nous proposons, il faut que le désir de justice pénètre assez dans les esprits pour que nos législateurs étendent dans la France entière les facultés d'éducation, de telle sorte que la première catégorie d'électeurs fusionne le plus promptement possible avec la seconde.

Sans cette mesure, la plus urgente de toutes, la démocratie, interprétée par le suffrage universel, sera illusoire, décevante, *car la capacité qu'on a supposée jusqu'ici, n'équivaut pas à la capacité réalisée ;* il y a un immense péril politique et social à le méconnaître.

Ernest BRELAY.

3036. — Paris. Imp. Éd. Blot e' Fils aîné, rue Bleue, 7.

www.ingramcontent.com/pod-product-compliance
Lightning Source LLC
Chambersburg PA
CBHW070755280326
41934CB00011B/2942